오늘은 제가 그리움을 빌려야겠습니다

박정구 시집

시인동네 시인선 151 　　　　　　　　　　　박정구 시집

오늘은 제가 그리움을 빌려야겠습니다

시인동네

시인의 말

몇 번의 여름이 가고
그해 가을, 어머니는
아버지가 부르신다며 홀연히
단풍나무 숲으로 떠났다.
더는 미련 가질 여유조차 없이
고향까지 팔았다.
홀가분했다.

이제부터
미치도록 그리워지는 것까지
참고 견디는 일만 남았다.

2021년 5월 배다리에서
박정구

차례

시인의 말

제1부

내 마음의 첫 · 13

한 생이 젖은 풀잎처럼 눕혀질 때 · 14

분리수거 · 16

빈말 · 17

나도 이름 병 · 18

공존 · 20

궁합 · 21

버림이라는 것 · 22

비설거지 · 24

시래기 · 25

주인 없는 방 · 26

만년필 · 28

밑창 · 30

파종 · 31

羊의 마감 · 32

혼자 먹는 밥상 · 34

제2부

장 · 37

새해 수첩 · 38

날궂이 · 40

따뜻한 등 · 41

치열함에 대하여 · 42

민들레의 지혜 · 44

벼꽃 · 45

여뀌바늘 · 46

저수지에 빠진 달 · 48

사랑니 · 49

그런 사람이 그립다 · 50

뒤를 돌아보니 · 52

말나리꽃 · 54

칡넝쿨 · 55

골목길 이발관 · 56

옥잠화 · 58

제3부

빚 · 61

아비의 손 · 62

손가락을 꼽았다 · 64

귀뚜라미 · 65

누군가 고향을 서리해 갔다 · 66

아련한 꽃 · 68

망초꽃 · 69

짚신나물 · 70

호상(好喪) · 72

눈물 · 73

땅 따먹기 · 74

매미 · 76

누이에게 · 77

부자(父子) · 78

지는 꽃이 피는 꽃만 하랴 · 80

제4부

소리로 걷는 야간 산행 · 83

보조라는 말 · 84

참당귀꽃 · 86

하눌타리 · 87

쥐똥나무 · 88

소록도 · 90

흔들리는 날 · 91

걸림돌 · 92

풍선덩굴 · 94

을왕리 · 95

다순구미 마을 · 96

겨울 바다 · 98

지장산 계곡에서 · 99

너를 기다리며 · 100

옛사랑 · 101

빙어 · 102

해설 그리움 혹은 견딜 수 없는 것을 견디기 · 103
  오민석(시인·단국대 교수)

제1부

내 마음의 첫

첫,
발음만 들어도 가슴이 울렁거린다
첫사랑 때문일까
첫 상견례 때문일까
아니면 시집가는 딸아이 손을 잡고
첫발을 떼던 순간이 떠올랐기 때문일까
첫 직장 첫 만남 첫 다짐……
맏이로 태어난 내게 첫, 이라는 의미는
끝의 반대가 아니라
시작과 연속이라는 중압감이었지만
첫, 이라는 격음 속에는
물오른 수컷의 향기가 나서 좋고
별리(別離)의 슬픔이 있어서 좋다
그래서 첫, 이라는 말에는 늘 설렘이 있고
떨림이 있다

한 생이 젖은 풀잎처럼 눕혀질 때

금촌 도립병원 406호실에
그녀가 있다

옹골지고 카랑카랑하던 목소리를 깔고 누워 있다
마른 나뭇잎 같은 그녀 곁에 쭈그리고 앉아
침대 밖으로 뻗어 나온 손을 잡는다
단단하게 움켜쥔 맥박이 희미하다
얼음 밑에서 아가미가 열린 물고기처럼
길게 품어내는 폐활량에 맞춰 나도 호흡을 조절한다
1분에 60회 맥박을 세면서 70, 80, 90……
내 숨도 따라 차오른다
마른 입술 사이로 새어 나오는 휘어진 울음
새소리 바람소리 천둥소리
통곡 원망 소리
심장 가장 가까이에서 들리는 소리들을 주워 모은다
한 생이 젖은 풀잎처럼 눕혀질 때
초점 잃은 동공이 천장을 맴돈다
짧은 생이 시래기처럼 마르는 동안

풀잎 같던 그녀를 살핀다
눈꼬리에 맺힌 눈물의 의미를 아직 모르겠는,

금촌 도립병원 그 병실에
그녀는 없다

분리수거

언제부턴가 나를 버리는 날이 많아졌다

숙취 음료 병뚜껑을 열자
고장 난 레코드판처럼
어젯밤 술상에서 오갔던 말들이 쏟아진다
말꼬투리가 남아 있는 병뚜껑을 돌리면
저마다 사연이 묻어나는 기억들이
하나씩 하나씩 분리된다
빈병, 고철, 비닐, 플라스틱……
이름표를 달고 기다리는
희망이라는 마대 속에 밀어 넣는다
버리면 버릴수록 또다시 무엇이 되기 위해
산더미같이 모아지는 저것들

군중의 힘이 보인다

빈말

말 속에 뼈가 있다는 말을 듣고
어떤 뼈가 들어 있을까 헤집어보네
그 뼈를 찾지 못한 나에게
뼈가 있다고 부추기는 사람의 말에서
뼈가 씹혔네
이빨 시리도록 통증을 느꼈네
창칼보다도 더 예리해서
마음에 피멍 들었네

말이 곧 약이란 말도 너무 늦게 알았네
바르면 바를수록 문지르면 문지를수록
아픔도 통증도 사라졌네
빈말 속에도 뼈가 있을까마는
두 손 내밀어 두 손 포개고
눈물 글썽글썽 미안하다 죄송하다
용서가 되고 화해가 되었네
사람 사는 세상 모두가 이러했네

나도 이름 병

출판기념회
방명록에 목련꽃이라 쓴다
— 이따 한 말씀 주세요
거목 같은 이름들만 빼곡한 순서지
목록에도 없는 이름으로 축사라니
지정석에 앉는다
이름이 불리면
박수 소리 벚꽃처럼 쏟아지고
이름만 들어도 알 수 있는 시인을 호명할 땐
일제히 고개가 돌아간다
물잔에 꽂아둔
꽃다지 봄맞이 황새냉이처럼
풀꽃이 되어 손뼉을 친다
부처가 다녀가고
하나님이 다녀가고
마리아가 성호를 긋는다
공자 맹자 순자 장자 노자까지
성인 현자들만의 축제에서

내 이름 석 자 별똥별처럼 사라지는 순간,
이름 병*든 목련꽃이
꽃술도 남기지 않고
뚝 떨어진다

---

* 이름 병(聲病): 한용운의 시, 「자소시벽(自笑詩癖)」에 나옴.

공존

 난방공사 굴뚝에 뭉게구름 앉아 있다 구름이 흩어지는 동안 나는 고향집 굴뚝을 떠올렸고, 연기만큼이나 차갑게 지내는 사람들을 생각했고, 난방공사 굴뚝 밑 키 낮은 아파트는 고향마을 촌가처럼 낮게 엎드려 있고, 굴뚝 연기와 나란히 공존하며 키재기 하는 아파트가 위태롭고, 연기가 부동자세로 오르는 동안 나도 부동자세로 서 있고, 자칫 연기가 고개를 숙이면 어쩔까 조바심에 애가 탔고, 아슬아슬 솟구치는 구름 같은 연기를 보며 나도 연기자가 되었고, 아파트 창문이 열렸다 닫힐 때 새떼가 푸른 연기 속으로 높이 날아올랐고, 높으면 높을수록 잘 어울리는 공존의 끝은 보이지 않았고, 날이 추우면 추울수록 난방공사 굴뚝 연기는 더 차갑게 선명해지고,

궁합

 거울 속에서 내 얼굴을 본다. 쓸려가는 파도와 닻 없이 흔들리는 도초섬이 떠오르고 잡념만큼이나 밤새 자란 턱수염이 아버지 무덤 풀처럼 무성하다. 새 면도기로 얼굴을 밀어본다. 쓱 문지르면 여지없이 드러나는 거품 속 맨살에 핏방울이 맺힌다. 면도기와의 동거는 불협화음의 연속이다. 이것도 궁합 탓인가. 결혼하기 전 아내와 함께 신촌 허름한 뒷골목 당골래를 찾은 적 있다. 무당이 생트림을 하며 연신 고개를 흔들 때마다 내 마음은 요동을 쳤다. 궁합이 안 맞아, 절대로 못살아, 니들이 살면 내 손에 장을 지져. 신당(神堂) 방울 소리가 내 귓속을 후볐다. 고향 앞바다가 통째로 흔들렸다. 아버지가 떠올랐다 가라앉았다. 꺾어 신었던 뒷굽을 폈을 때 달이 막 어둠을 벗고 있었다. 아내의 그림자가 한 뼘이나 짧아져 있었다.

버림이라는 것

슬픔은 슬픔이 아니다

나비가 주인을 버리고 떠난 날
골목길 전봇대 밑에 주저앉아 막소주를 마신다

어디선가 나를 쏘아보는 눈빛에 뒤돌아본다
번쩍거리는 것은 주인이 버린 나비
흔들리는 것은 주인을 버린 나비

나비가 주인을 버리고
주인이 나비를 버리고
깃에 걸린 버림을 털어버리는 것
서로가 서로를 찾는 것

버림이라는 어휘 속엔
또 다른 만남을 기약하는 바람이 들어 있다

주인이 나비를 버리고 떠날 때보다

나비가 주인을 버리고 떠났을 때 더 큰 자유를 본다

버림이라는 말 속에는
슬픔보다 더 독한 그리움이 남아 있다

비설거지

염전 바닥에 쌀밥 같은 소금이 허옇게 꽃필 때, 하필이면 비 올 바람이 불었다. 바다 한가운데 쌍심지를 켜고 물기둥을 세워 올리는 날에도 그랬다. 그런 날 할머니는 장독대 옆에 손질한 볏짚 한 줌 깔고 그 위에 정안수 한 사발 떠놓고 두 손을 싹싹 빌었다. 바닷물이 기둥을 타고 하늘로 솟구칠 때 이무기가 따라 올랐다. 쌀밥 같던 소금이 사라진 자리에 다시 수레차가 돌아가고 염전 바닥은 갯물만 가득 들어찼다. 비몰이* 하는 날이면 갯마을은 쥐 죽은 듯 조용했다.

---

*비몰이: 비설거지의 전라도 방언.

시래기

저희끼리 젖은 살 부비며 고혈을 쥐어짠다

오직 미라가 되기 위한
저 처절한 몸부림!

주인 없는 방

깊은 산속 외딴집처럼
딸이 쓰던 방이 외롭고 쓸쓸합니다
결혼하고 떠난 빈방이 저 홀로 제 방을 지킵니다
간혹 친정에 와서 제 어미와 보내는 하룻밤,
도란도란 말소리가 흐르는 개울물 같습니다
이젠 그마저도 편치 않나 봅니다
제 남편 기다린다고 손님처럼 머물다 갑니다
제 방이 더 섭섭해 합니다
주인을 맞이하고 보내고 이젠 익숙해진 둘 사이입니다

늦은 밤 돌아와서 딸의 방문을 열면
모두가 그대로입니다
딸이 가지고 있던 향기
스탠드가 서 있는 책상 위 연필과 책들
피아노 위에는 베토벤의 〈운명〉 악보가 놓여 있고
방 안 가득 우쿨렐레 소리
화장대 위에는 립스틱 마스카라 에어쿠션과
쓰다 남은 화장품들이 방금 썼던 것처럼 이마를 맞대고 있

습니다
　아직 귀가하지 않는 것처럼 잠옷이 걸려 있고
　벽에 걸린 가족사진 속에는 젊은 엄마 아빠도 있습니다

　침대 위 이불 속에 손을 밀어 넣습니다
　아직도 온기가 남아 있습니다
　제 방이 두 개, 아빠보다 부자인 딸입니다
　토라진 날이면 간혹 아내가 빌려 쓰기도 합니다
　오늘은 제가 그리움을 빌려야겠습니다
　시계 초침 소리가 너무 커서 어둠은 스스로 깨지고
　나는 이 밤을 그냥 지새우기로 합니다
　모두가 평온한 밤이지만
　외로운 방만 저 홀로 어두워집니다

만년필

만년필을 만지면서 한 여인을 생각했다
심장 가장 가까운 곳에 꽂았을 때
혜성이 쏟아지고 맥박 소리가 들렸다
소리를 따라 찾아가면 아킬레스 힘줄까지 이어지는
오래된 사람이 걸어간 길 위를
달팽이가 기어간다
일자로 늘어선 소나무 숲길을 아득하게 지나가는 사람들
여인네의 분 냄새가 짙었다
향기는 맡는 것이 아니라 느끼는 것
만년필을 꺼내어 소나무처럼 획을 그었다
곧은 소나무가 먹물로 번지고 세상은 다시 흐려졌다
송홧가루 자욱한 숲길
길 너머 사람들이 다가오고 나는 그들을 피했다
오래된 사람이 걸어간 길에
오래된 길을 걷는 그들은 누구인가
가물거리는 불빛을 뒤로하고
달팽이의 기억을 릴케의 편지로 기록하는 나는 누구인가
세상이 먹물로 흐려지고

다시 먹물 뒤에서 파랗게 일어서는 그녀
나는 만년필 뚜껑을 열고 깊숙이 먹물을 빨아 마셨다

밑창

너덜거리는 등산화 밑창 사이로
걸어온 길들이 환하다
들길을 걷고 개울을 건너고 봉우리를 오르던 신발
등산화도 많은데 버리지 그래요?
밑창만 때우면 아직도 쓸 만한데 버리긴……
늙은 어머니를 닮은 오래된 신발
등산화 밑창을 때운다
여름도 가두고
가을도 가두어 둔 밑창 깊은 속
비싼 신발도 아니고 모양이 예뻐서도 아니지만
신으면 그저 편안한 신발
사람이라도 다 같을 수는 없지만
신발처럼 편안한 사람이 있다
먼 길 함께 걸으면 걸을수록 좋았던 사람
다시 그날을 기다리며
너덜거리는 등산화 밑창을 때운다

파종

아지랑이 들녘
굳게 다문 땅을 판다
쇠스랑 끝에 걸린 하늘이 내려앉고
떼로 몰려온 구름이 주저앉고
지나가던 바람도 발걸음 멈추던 날
철 이른 텃밭에 씨를 뿌린다
싹 틔우거라
꽃도 피거라
밭둑을 토닥거리며
철이 순이 영희 그리운 이름들을 심는다
물뿌리개 가득 물을 채우고
봄비를 뿌린다
금세 손바닥에 물집 잡히고
어머니 손등 같은 갯골 고랑에
봄볕이 낮게 엎드려
비로소 몸을 푼다

羊의 마감

羊 한 마리가 제 몸을 굴리고 있다
뜨거운 석쇠 위에 몸을 올리고
지글지글 태우고 있다
왁자지껄 세상 돌아가는 소리 듣고 있다

지구가 회전하고 달이 회전할 때
羊 한 마리도
일정한 방향으로 제 몸을 돌린다

나도 회전판 위에 몸을 맡기고 돌린다
제각각 삶의 터전을 화덕에 올리고
빙글빙글 돌리며 생(生)을 굽는다

입만 열면 거칠게 쏟아지는 하루의 무게
손님으로 가득 찬 원탁 테이블이
지그재그로 돌아가고 있다

羊은

제 몸을 태우면서
하루를 마감하고 있다

혼자 먹는 밥상

혼자 밥상을 차립니다. 매일 아침 아내가 차려주던 밥상, 늘 혼자 먹는 밥상이었지만 그저 혼자가 아닌 것처럼 먹습니다. 내가 먹을 아침상을 차리면서 냉장고를 열어보면 쪼개놓은 수박처럼 아내만의 비밀 같은 보물들, 통 속에 무엇이 들어 있는 줄도 모르면서 주섬주섬 눈에 익은 반찬통 몇 개 꺼내놓습니다. 뚜껑을 여는 사이 전자레인지 안에서는 찬밥이 데워지고 가스레인지 위에서는 그동안 아내가 못다 했던 잔소리들이 부글부글 끓습니다. '텅 빈 집에서 혼자 아침밥을 먹는다' 이국(異國)의 아내에게 카톡을 보내면 '저는 늘 텅 빈 집에서 그렇게 혼자 먹었어요' 또 잔소리가 카톡을 타고 울려옵니다.

제2부

장

장은 뒤끝이 달달해야 한다
햇빛과 바람, 시간과 정성으로 우려낸
고향집 어머니 장맛처럼
투박한 항아리 속에서 푹 삭혀서
제 멋대로 농익은 그런 맛이어야 한다
간장 된장 고추장 쓰임새는 달라도
제 이름값 단단히 해내야 특별한 장이다
넘치면 짜고 모자라면 싱거운 그런 장이 아니라
처음 입맛 배신하지 않고
깊은 맛을 내야 한다
사람 사는 세상 이치도 이와 같아서
사람을 거느린 장도 그래야 한다
아무리 작은 단체의 장이라도
제 몸을 낮추고 끌어안아야 풍미가 있다
숙성될수록 깊어져서 감칠맛을 내는 것처럼
장은 속이 깊어야 한다
하찮은 미물까지도 장은 그래야 한다

새해 수첩

표지 겉면에
보일락 말락 작게 새겨진 이름
내가 부르기에는 낯선 이름
누군가 불러주어 매일 듣는 이름 석 자,
그럼에도 이름 새겨진 수첩을 받고
생소함에 한참을 들여다본다

누군가 내 이름을 기억해주듯이
내가 기억해야 할 무수한 이름들을 떠올려본다
주머니 속 알사탕을 만지작거리며
하나씩 꺼내본 이름들
손가락을 꼽았다 펴본다

열 손가락 속에는 꼭 당신이 있다고
그래서 오래오래 기억하고 있다고

어딘가에 이름을 새긴다는 것은
누군가의 기억 속에 남아 있다는 것

열 손가락 밖의 당신도
오늘만큼은 내 안에 있다

날궂이

몇 년 전 삔 발목에 통증이 온다
골다공증 앓으시던 울 엄니도 그랬다
흐린 날이면 날궂이 한다고
승천하지 못한 이무기가
몸속에서 꿈틀댄다고
달무리 진 밤이면 더 심했다
온몸이 천근만근
한 발 내딛는 것조차 조심스러운 날
세상은 흐리고
나는 울 엄니가 그랬던 것처럼
절뚝거리며 날궂이 한다
가벼워서 좋은 세상
더 내려놓을 것도 없는 죽음 앞에서
줄 것도 받을 것도 없다던 아버지도
생전에 말없이 날궂이를 했을까
발목 한쪽을 잡고 빙빙 돌려보지만
내일은 비가 오려나
또 날궂이 한다

따뜻한 등

국수봉 오르는 등산로에 봉분 하나 있다
그 위에 버릇없이 주저앉는 사람 있다
배 깔고 누운 아비의 등에 올라탄 아들마냥
나도 슬쩍 봉분 위에 앉아본다
깔고 앉은 만큼 더 낮아질 것도 없는 봉분
업어 키운 자식들처럼 밀쳐내지 못하고
등을 내밀고 때로는 배를 내민다
할머니 등이 그랬고 어머니 등이 그랬듯
따뜻한 봉분 위에 앉으니
어떤 투정도 다 받아줄 것 같다
지금은 다 떠나버린
그 머나먼 등이 그립다

치열함에 대하여

옷가게에서 콤비를 고른다
뭘 입지?
체크 아니면 블랙, 아니야 빨강 파랑
옷 하나를 고르면서도
참 치열했다

제화점에서 구두를 고른다
뭘 신지?
부츠 아니면 단화, 양가죽 소가죽 끈을 맬까?
구두 하나도 허투로 고르지 않는 것은
치열한 전장에 대한 두려움 때문

음식점에서 메뉴를 고른다
뭘 먹지?
짜장 아니면 짬뽕, 볶음밥, 요리도 괜찮을까?
식성대로 골라 먹는 것도
치열한 생존을 위한 필수조건

서점에서 시집을 고른다
뭘 읽지?
읽으면 읽을수록 마음을 베이는 시 없을까?
핏물이 뚝뚝 떨어지는
치열한 현장을 느끼고 싶기 때문이다

민들레의 지혜

계단 가장자리에 핀
민들레꽃

절묘한 위치다
계단 오를 때 눈길 머무는 곳
고개 숙인 자에게만 보이는
바로 그 지점에서
민들레꽃은 핀다

뭇 발길질에 채이고
밟히고 밟히면서 스스로 익힌
민들레의 생존방식

계단 내려오는 사람보다
더 깊숙한 자세로
고개 숙이고 꽃을 피운다

벼꽃

밥꽃이 피었다

누군가의 목숨이 피었다

여뀌바늘

1.
꽃이
너무 작아서
귀엽다

살아왔던 날보다는 살아갈 날이 더 많다며 육십에 인공관절을 넣고 창공을 날쌔게 휘젓는 새가 되었다 치맛자락 펄럭이고 흰 구름까지 걷어내며 그네를 탔다 우리는 서로 어깨를 걸고 빌딩 숲 사이를 걷고 또 걸었다 긴 장마 끝 무더위도 반짝, 가을이 성큼 다가오듯이 그녀는 꽃이 되었다

2.
너는
너무 작아서
슬프다

암센터 문을 두 번째로 열었다 마흔여덟에 친구 떠난 후로 나는 그 문을 열지 않았다 일흔둘의 남자의 눈은 희미하고 어

둠이 깊어질수록 옛 영화(榮華)만 그리워졌다 동공에 겹겹이 쌓인 눈물 탑(塔)에는 그동안 내가 몰랐던 남자의 과거가 고스란히 담겨 있었다 여뀌바늘 꽃이 희미하게 웃었지만 남자는 끝내 꽃이 되지 못했다.

저수지에 빠진 달

꽃샘바람 들이치듯 아내가 아프다
모든 게 내 탓이려니
닭똥 같은 눈물 같은 은행알 밟으며
아내와 외식 간다
눈치 없이 끼어드는 은행 냄새 따돌리고
공릉저수지 옆 식당에 든다
아,
십 년 전에도 오늘처럼 아픈 아내와
이곳에 왔었다

저수지에 빠진 달은
왜 자꾸 물에 빠지나 몰라!

십 년 전에도 저 몰골이었다

사랑니

사랑도 다 때가 있는 법

벚꽃에 대한 뉘앙스가 채 가시기도 전에
설렘은커녕
두근거림은 가당치도 않은
못생긴 사랑을
뿌리까지 뽑아주고 왔습니다

그런 사람이 그립다

내가 부르지 않아도
먼저 나를 불러 따뜻한 차 한 잔 내주는 사람
그런 사람이 그립다

길을 걷다가 내가 알아보지 못해도
먼저 손 내밀어 악수 청하고 어깨 다독여주는 사람
그런 사람이 그립다

비 오는 날 주막집에서
빈대떡에 텁텁한 막걸리 한 잔 나누자고 불러주는 사람
그런 사람이 그립다

시원한 생맥주 앞에 놓고
사랑이 어떻고 생이 어떻고 지껄일 줄 아는 사람
그런 사람이 그립다

단풍보다도 먼저 취해서
가을 내내 온몸에 붉은빛이 도는 사람

그런 사람이 그립다

내가 있어
당신이 그립다고 말해주는 사람
그런 사람이 그립다

뒤를 돌아보니

뒤를 돌아보니
보이는 것보다는 안 보이는 것이 더 많습니다

찬찬히 들여다보면
그제야 하나 둘씩 보이는 듯합니다
때론 무심히 지나쳤던 이웃의 아픔과 슬픔들
비로소 내가 겪으면서 보이는 것은
무슨 까닭일까요

당신의 푸념을 들어주기도 전에
미리 짐작해버리는
내가 혹은, 당신이 감당하기 힘들었던 일들을
하나하나 강물에 띄우면서
절망도 흘러가면 추억이 된다는 것을
뒤늦게 알았습니다

사랑도 때론 미움이 되지만
다시 사랑이 되듯이

희망으로 흐르는 강물에
기어이 한 주먹 눈물을 보태렵니다

뒤를 돌아보니
보았던 것보다는 못 보았던 것이 더 많았습니다

말나리꽃

그립다 말하지 않아도 보고 싶었다

세상 어딘가 더불어 살겠지만
살면서 궁금하기도 했다

철원 가는 길목 자등현
후미진 각흘산에
첫사랑처럼 피어 있던 말나리

그리워하는 만큼의 딱 그 거리에서
피고 지기 수십 번

밀레의 이삭줍기 부부처럼
반쯤 고개 숙이고 생각에 잠겨 있다

칡넝쿨

바람이 숭숭 샌다
잡아당긴 옷깃이 찢어지면
틈새로 손길을 뻗치고
자지러진 울음 내뱉던 젊은 날
생각을 잡아당겨
감아 타고 올라야 직성이 풀리던 그 젊은 날
누군가 진보랏빛 꽃망울로 유혹했다
— 놔라, 놔
제 아무리 뿌리쳐도
허락도 없이 불쑥 고개를 내민 사람
생각은 하늘 끝에 몰리고
더 이상 오를 수 없는 허공에서
추락을 꿈꾼다

골목길 이발관

키 낮은 담장 골목 끄트머리에
이십 년도 더 된 이발관이 있다
나는 몇 번의 이사를 했지만 여전히
골목길 끝, 이발관을 찾는다
늙은 이발사 부부가 사는 집
낡은 표지판이 빙글빙글
세월을 돌리고 있다

밀레의 이삭줍기가 걸려 있던
고향 이발관도 그랬다
바리깡에 생머리가 뽑혀 나오던 시절
가난했어도 행복했던
재남이 아저씨가 떠나고
영영 문을 닫은 고향 이발관

의자 손잡이에 나무 받침대를 올려놓고
어린 내가 앉았던 것처럼
어린 아들을 앉히고 머리를 깎이던 이발관

사각사각 가위질 울음에
꾸벅이던 어린 아들도 장성하고
오늘은 늙은 이발사 부부가 봄볕을 쏘이며
소파 모서리에 앉아 졸고 있는데
바리깡도 손을 놓고 가만히 눈감고 있다

옥잠화

침대 위
간이식탁을 앞에 두고
부부가 앉아 있다

척추 수술이 잘 되었다고
이제는 뒤틀린 마음도 펴졌다며

아내는 조잘조잘
남편은 고개만 끄떡끄떡

눈빛이 마음이라 했던가
당신 옥잠화 같다

한평생 살면서
한 번도 살갑지 못했던 사람

한마디로
평생 빚을 갚는다

제3부

빚

 아버지 떠나기 전 혹여 남 줄 돈 있나 생각해보세요, 어머니가 물으니 남 줄 돈은 없지만 자네한테 진 빚만 남았네 하더란다. 이른 새벽 밭에 나갔다가 달을 안고 돌아와 어둠을 털어내면 어머니 몸에서는 초저녁 별들이 쏟아졌다. 평생 벌 나비처럼 살던 아버지는 어머니한테 조금은 미안했을까, 아버지 떠나시고 물은 적 있다. 어머니는 남 줄 돈 남았어 고개를 흔들더니 니들한테 진 빚만 남았제. 생전에 다 해주지 못한 것들이 죄다 빚으로 남았다는 어머니, 당신마저 떠나시고 돌아보니 내가 어머니한테 진 빚이 너무 많다. 나 세상 끝나는 날 아들도 빚 물어올까?

아비의 손

신부가
떨리는 아비의 손을 잡고 서 있다

삶의 전부였던 아이
그저 출렁이며 밀려왔다 쓸려가는 파도일 뿐
혼주석 어미 가슴은 이미 파랑이다
웨딩마치가 울렸지만 미동조차 없는 저들 부녀
한 발 한 발 옮기는 순간이 아찔하다
딸아이 부케에서는 나비가 날아오르는데
아비의 눈빛은 아득하다
삼십 년 키워온 세월이 단상에 머물자
넘겨주는 아비의 손이 순간, 멈춘다
객석의 고요 속에 덥석 끌어안은 저들
어깨를 토닥거리는 손
어미 품 떠나는 송아지는
어미 소 눈에 맺힌 그렁그렁 눈물이다
기쁨도 슬픔도 아닌
아비 눈에 고인 눈물은 눈물이 아니다

아비의 손에는
아직도 놓지 않은 손이 얹혀 있다

손가락을 꼽았다

아버지를 묻고 오던 날
산밭에 또 다른 구덩이를 팠다
당신의 삶이 그랬듯이
내가 살아갈 삶도 그러려니
어머니 주문대로 봄볕과 바람 몇 톨
여든 살 어린 아이는 손가락을 꼽았다
말없이 한참을 망설이던 어머니,
끝내 말이 없었다

이른 새벽 언 땅을 판다
심어야 할 것과 묻어야 할 것들
어머니가 말문을 닫고 돌아앉을 때
나도 어머니처럼 손가락을 꼽는다
꼽았다 펴기를 몇 번
심을 것도 많고 묻을 것도 많았지만
참새가 흰 똥을 싸는 오전은
그렇게 지나갔다

귀뚜라미

달 밝은 가을밤
마루에 오른 귀뚜라미
뒷발로 꼿꼿이 서서
쑥대머리 한 구절 읊더라
북채를 잡은 고수의 추임새에
자지러지게 목청을 넘길 때
북 모서리에서 툭, 불거져 나오는
짧고도 매서운 바람 소리에
살며시 돌아앉은 달빛
아버지가 부르시던 쑥대머리를
귀뚜라미 울음으로 빌려 듣는
가을밤 독주회

누군가 고향을 서리해 갔다

1.

죄가 된 줄 몰랐어. 어젯밤엔 네 집 참외 서리, 오늘밤은 우리 집 수박 서리 그리고 내일 밤엔 옆집 닭 서리까지 밤마다 모이면 서리, 서리만 궁리했으니 그것이 도둑질인 줄 정말로 정말로 꿈에도 몰랐어.

2.

밤중에 서리 맞은 우리 집이나 옆집이나 으레 그놈들 짓이려니 하고 은근슬쩍 잘도 넘겨주었지. 그것이 진정한 배고픔은 아니란 것과 훗날 얘깃거리가 된다는 것을 아는 어른들은 그렇게 잘도 속아주었지. 우리들은 헤아릴 수 없이 많은 서리를 했지만 농사까지 망치지는 않았어. 망칠 생각도 없었어.

3.

이십 년이 지나 고향에 가보니 우리가 주름 잡던 서리 밭엔 어린 꼬마들은 보이지 않고 철조망만 무섭게 내려다보고 있었지. 유년을 벗은 나무들만 아름드리 목재가 되어 고향 땅을 지키고 있었지. 정작 포근히 안아줄 고향은 누가 서리해 갔는지 묵정밭만 빈둥빈둥 놀고 있었지. 드는 사람은 없고 나는 사람만 자꾸 불어나고 있었지.

아련한 꽃

아버지 떠나고
고향 집만 저 홀로 남았다

─배롱나무 꽃 피었더냐?

배롱나무도 주인을 잃은 것을 알았을까
꽃은 보이지 않고
사십 년 키우던 회양목도 시들었다

버린 것은 아닌데 버려진 듯
배롱배롱 시들어가는

생각할수록
아련한 꽃이여

망초꽃

혼자 피기 외로워
더불어 피었다

아부지 엄니 나란히 누운
무덤가

도란도란
투덜투덜

망초꽃 피었다
이야기꽃 피었다

엄니는 무덤 속에서도
잔소리를 하시는가

아부지,
심심하진 않으시겠다

짚신나물

샛길 끝 오두막 한 채
샛팍을 막 돌아서면
통싯간에서 이른 아침 마른기침 소리가 들렸다
"엉아, 빨리 나와"
발 구르며 보채는 소리
코를 누르고 바지춤을 내렸던 그곳
똥냄새 지독한 두엄더미 속에서
호박꽃은 자지러지게 피고
덤으로 핀 짚신나물 꽃도 떼로 피었다
먹고 사는 데 별반 도움 안 되는
하찮은 그 꽃,
엄니 손끝에서 매섭게 뽑혔다

그 옛날
통싯간 앞에서 발을 동동 구르던
키 작은 아이처럼
텃밭 가에 피어 있는 짚신나물 꽃을 본다

하찮은 것은 네가 아니라
모질게 살지 못한 나였음을 안다

호상(好喪)

일흔여섯에 돌아가신 할머니
동네 사람들이 호상이라고 마당에 천막 치고 사박 오일을 먹고 마셨다.
여느 잔칫집처럼 밤새워 노래 부르다 허기가 지면
씨암탉 닭죽을 끓였다.
'사람이 죽었는디 뭔 노래당가. 지랄들 허네.'
섬사람들 풍습에 놀란 뭍사람,
혀를 절레절레 흔들었지만 그 밤을 넘기지 못하고 기어이 쑥대머리 한 자락을 뽑았다.
상여 나가던 날
'북망산천 가는 길이 그리도 급하셨소.'
북재비 거짓말이 들통 났지만 아무도 울지 않았다.
상여 내보내고
또 하룻밤을 새며 처먹고 퍼마셨다.
진정 인간들이었다.

1982년, 그리운 옛날이야기다.

눈물

자작나무 숲에 어머니를 눕히고 돌아서는데 노을이 옷깃을 잡아당긴다
고개를 돌리자
틀니 사이에 잘 익은 석류 알 같은 미소보다 이슬방울이 먼저 툭, 떨어지고 있다

땅 따먹기

1.
어릴 적 마당 한복판에 금을 그어놓고 여기는 내 땅 저기는 네 땅, 선명하게 확실하게 한 뼘 두 뼘 재어가며 조금이라도 틀리지 않게 네 것이 크면 내 것도 크게 더 크게 온종일 금만 긋고 있었지.

2.
담은 없어도 싸리나무 울타리를 치고 내 집과 네 집 구분 없이 살 때도 있었지. 하지만 싸리나무에서 세월만큼 시퍼렇게 칼 잎이 돋아나더니 굵어지고 굵어져서 내 집과 네 집 사이 튼튼한 옹벽을 치고 말았지.

3.
내가 태어나기 훨씬 전에는 토끼 모양만 그려놓고 양반 상놈 할 때도 있었지. 그러나 토끼는 점 안에 갇혀 부끄럼과 떳떳함이 교차도 했었지. 그 후 이념과 사상이란 허울 좋은 구실로 한반도 허리에 비무장지대를 만들어놓고 노루들만 좋은 일 시키고 말았지.

4.

 마당 한복판에 철조망보다 더 깊게 그어놓은 금 안에서 아이들은 밤마다 횃불을 돌린 꿈을 꾸며 토끼보다 먼저 깨어나고 있었지.

매미

어떤 놈은 기뻐서 운다
흙속에 갇혀
기다림 속의 두려움 다 벗고
끝내 탈피를 성공한 당찬 그놈,
울고 불고 또 울 만도 했다
금의환향 출세에
마을도 들썩거렸다

어떤 놈은 슬퍼서 운다
세상에 나와
태풍 홍수 아랑곳없이 다 보냈건만
순간에 불과한 인생살이
못다 한 일 너무 많아서
팔월 한더위 목청이 터져라
울고 울고 또 울었다

누이에게

늦가을
된서리 내리기 전에
떠난 누이야

긴긴 밤 꺼이꺼이 울며 떠난
기러기 떼 쫓아서
훌쩍 떠난 누이야

소리도 없이 찾아왔다가
산마루에 걸리기도 전에 떠나버린
초승달 같은 누이야

기다리고 기다렸다가
기러기 떼 다시 돌아오면

그땐 꼭 돌아오라
누이야

부자(父子)

그곳에는 아직도 부자가 있다
더 이상 다가갈 수 없는 그만큼의 거리에서
아버지는 아들을 아들은 아빠를
서로가 서로를 부르고 있다
―아들아 어서 나가거라
―아빠 같이 가요
혼자서는 나갈 수 없다고 울부짖을 때
바다는 하늘을 잡아당기고
하늘은 끝내 바다가 되었다
앙가슴 풀어헤치고 먹빛으로 깊어지는 바다
목 놓아 울어도 닿지 않는 거리
손을 뻗어도 끝내 닿지 않는 슬픔
물 밖 세상은 아수라장
빈 그리움만 배회할 뿐이다
꿈꾸던 세상을 찾아 아들 손잡고 제주 가던 길
뱃길도 막히고 바다 속 길마저 끊긴 채
칠흑의 시간이 세월호에 갇혀 있다
서로가 서로의 안녕을 업고

그곳에는 아직도 부자*가 있다
뼈 으스러지도록 껴안은 세월이 멈추어 있다

---

* 세월호 속에서 인양하지 못한 권재근 님과 권혁규 군 부자(父子).

지는 꽃이 피는 꽃만 하랴

꽃 진 자리에 씨방이 여문다

꽃술보다 먼저 지는 꽃잎에게
지고 싶어 지냐고 묻지 말자

지고 싶어 지는 꽃이거늘
때가 되면 미련도 버리거늘

떠나고 싶어 떠나느냐고 묻지 말자

지는 꽃이 피는 꽃만 하랴
꽃잎도 버리고
툭, 씨방 하나 야무지게 여무는 일
푸른 날 기다리는 일

기다리면
다시 오겠느냐고 묻지도 말자

제4부

소리로 걷는 야간 산행

물은 물끼리
풀은 풀끼리
나무는 나무끼리

서로 만지고 맨살 부비는 소리
가장 가까이 들리는 박동 소리

멀어졌던 발자국 소리까지
다시 가까워지는

충장로 뒷골목에서 귀로만 듣던 그 소리
묻히고 갇혔던 오월의 소리

일부러 들려주지 않아도
때가 되면 저절로 들리는

도깨비불보다 더 무서운
새벽 2시의 산행

보조라는 말

―여보 같이 좀 가요
―빨리 와

산을 오르는 내내 반복해서 들려오는 저들 부부
거리는 좁혀지지 않고
꼭 그만큼의 간격을 두고 오른다

부부 사이에는 내 또래의 중년들이 끼어들고 깍지를 낀 젊은이들이 끼어들고 등산모 밑으로 삐져나온 허연 머리카락 뒤집어쓴 초로의 등산객들까지, 라페스타 혹은 웨스턴 돔 주말 거리처럼 꽉 찼다

―여보, 쉬었다 가요
―빨리 좀 와

같이 가자고 천천히 쉬었다 가자고 조르는 아내
사는 일도 딱, 저 모양이었을 것이다
굽이굽이 좁혀지지 않는 산길처럼

간격만큼 서로의 삶도 외로웠으리라

— 여보 손 좀 잡아줘요
— 빨리나 와

한평생 보조를 맞추어 온 아내
산행의 보조쯤이야 남편의 몫이겠지만
부부란, 그마저도 쉽지 않나 보다

참당귀꽃

장맛비 다녀가고 하늘은 높다 하늘이 높을수록 푸름도 깊어지는데 홍등가 불빛처럼 숲속이 시끄럽다

지랄하게 풍기는 가시내 분 냄새, 저 몸매 좀 봐 흔들흔들 저 궁딩이 좀 봐 뭇 남성들 애간장 좀 녹였겠다

하눌타리

고향집 우물가 토담 위에
하얀 꽃이 피었다

별이 총총한 밤하늘에
박처럼 둥근 달이 푸르게 떴다

달빛보다 더한 개수박꽃만
배고픈 줄 모르고

하늘하늘
만장처럼 흔들렸다

쥐똥나무

쥐똥나무 꽃은 하얗다
하나가 아니라 더불어 하얗다

꽃잎 하나가 벙글고 또 벙글고
뒤에 붙은 꽃이 손 먼저 내밀지 않고
눈치 보며 새치기하지 않고
발 동동거리지도 않고
얌전하게 때를 기다리다
꽃 떨어지면 작은 열매가 하늘을 당기고
지나가는 바람도 머물고
내 눈길도 머물고
간혹 이슬방울도 매달리고

그렇게 잊은 채 흘러가다 보면
까만 열매가 꽃처럼 맺힌다
옹골지고 단단한 씨앗
그 속에는 모진 시련이 있었지만
쥐똥보다 더 까만 얼굴 내민다

쥐똥나무 꽃은 하얀데
쥐똥나무 열매는 쥐똥이다

소록도

뭍이 두렵다 말도 못하고
바다를 향해 고개를 돌린다
고개를 숙이고 말문을 닫는 섬,
거세와 불임의 수상한 소문도
파도처럼 흩어지면 그만인가
씨앗마저 자랄 수 없는 동토의 땅
삭신 문드러진 백 년 세월이 흥건하다
한 세기가 지날 무렵
섬 아닌 섬인 줄도 모르고
뭍이 그립다, 속앓이한다
길고 긴 잠에서 깨어나지 못하고
자꾸 보채기만 하는 섬
행여 꿈에서나 만날까
떠날 사람 떠나자
저 홀로 자맥질하던 물빛 하늘
바다 그 자리에 선홍빛 해가
다시 발갛게 일어서고 있다

흔들리는 날

그리운 날 있을까
살면서 더러는 그런 날 있을까
흔들리지 않았던 날보다
흔들리며 살아왔던 날이 더 많았다
그대가 흔들리면 나도 흔들리고
내가 흔들리면 그대도 흔들렸던 세상에서
흔들어도 흔들리지 않는 그런 날 있을까

그리운 날 있을까
살다 보면 행여 그런 날 있을까
비 오는 날이면 빗방울에 흔들리고
바람 부는 날이면 바람에 흔들렸던 우리들 생,
흔드는 자 있어 흔들리는 이 세상에서
이 비 그치면 흔들림이 없을까

저 바람 멈추면
흔들림도 사라지는 그런 날 있을까

걸림돌

어디서 굴러먹다 온 돌인가
여성봉 오르는 비탈길 한가운데
떡 버티고 서 있는 모난 바위

굴러온 돌이 박힌 돌을 빼고 자리 잡았다
이덕규 시인의 머나먼 돌멩이처럼
개울 옆 순댓국집 다리 부러진 평상 받침돌이나 될 것이지
버들치 노니는 계곡에 징검돌이나 될 것이지

여성봉이 제 것인 양 가로채는
저 못된 바위 성질머리를 봤나
어깨 너머 슬쩍 보이는 모습마저 가로막고
희롱하는 숫바위를 봤나,
고개 들고 꽃발로 서서 가쁜 숨 몰아쉰다
산길 오르다 말고 멱살을 잡는다

오늘도 갑질하는 바위 하나
걸림돌이라고 욕설을 퍼부을 때

나는 누군가에게 고임돌이었던 적 있었던가
행여, 디딤돌인 적은 있었던가
반성하다 망쳐버린 산행

풍선덩굴

아슬아슬 하늘 끝에
불빛도 환한 연등이 걸렸다
누가 걸었을까
꺼질락 말락
한 생이 다시 불을 밝히고 있다

외줄 타고 암벽 오르던 날
쿵,
하늘인지 암벽인지
들쳐 메고 뛰었다
병원 문턱에서 암벽은 모래가 되었다

아는지 모르는지
풍선덩굴 가슴 끈을 풀자
하얀 꽃이 핀다
까맣게 타들어 간 씨앗 한 톨
아무도 모르게
풍선 속에 숨기고 있다

을왕리

을왕리에 가 보았다고 말하지 말라
밤을 지새워 보지 않고서
절대로 을왕리에 왔다고 말하지 말라
살다가, 살아가면서 춥고 배고프면
묻지 말고 을왕리에 와 보라
와서 이틀쯤 밤을 새워 보라
바다 모퉁이 허름한 주막
바다 이야기가 있는 곳에서
갯바람 쏟아진 술상을 마주 놓고
파도와 모래바람의 설운 과거를 들어보라
불빛 환한 해변에서
불나방들이 미치게 날갯짓하며 자멸하는
을왕리에 와서
태울 것 다 태워보고 말하라

다순구미 마을

목포 온금동에 가면
허리 굽은 계단들이 하늘을 향해 있다
뱃사람이 하나둘 모여 살던 마을
하늘 아래 첫 동네라고
달도 가장 먼저 뜬다
눈먼
다순구미 마을이 아름아름하다
아비의 아비 자식의 자식으로 물려지는 뱃일처럼
가난한 마을에는 불빛도 흐리다

목포 온금동에 가면
하늘 계단들이 바다를 향해 있다
뱃사람들 하나 둘 떠나는 마을
씀바귀 같은 사람들의 고향
기다림은 길어도
봄이 오고 또 꽃은 피지만
온금지구 재정비촉진사업 흉흉한 바람만 분다
귀먼

다순구미 마을이 무너지고 있다
흐린 불빛마저 꺼져가고 있다

겨울 바다

  싸락눈이 살갗을 후려치는 해변가, 키를 훌쩍 넘기는 파도를 만났지만 무섭지가 않았다 하늘 한쪽이 막히고 깃발을 접고 회항하는 어선에 불은 꺼지고 육지에서 내몰린 육신들이 망망대해 칠흑처럼 어둔 저 하늘, 누군들 보았을까

  만리포 휘어진 포구 끝 가물거리는 등대, 아직은 불을 밝힐 시간이 아니다 낮게 날갯짓하는 갈매기를 휘어 감고 물속으로 자맥질하는 이무기가 캄캄한 하늘처럼 바다를 에워싼다 할머니가 들려주던 이무기보다 더 큰 몸짓으로 용솟음치면 하루아침에 실직자가 된 노동자들의 하루도 함께 빠져드는 저 바다, 누군들 보았을까

  하늘과 바다가 만나는 날, 등대에 불이 밝혀지고 포구 끝에 매달린 어선에 횃불을 올리고 만선을 꿈꾸며 출항한다 길고 긴 뱃고동이 울려 퍼질 때 몰려들었던 갈매기 떼들도 일제히 하늘로 비상하는 겨울 바다의 숨겨진 꿈, 누군들 보았을까

지장산 계곡에서

 태풍 텐션의 입김은 대단했다 바람을 동반한 폭우는 어깨춤 한번만으로도 거대한 산 하나쯤 여지없이 무너뜨렸다 내 아버지의 아버지보다도 더 먼 수억 년 전에 탄생한 계곡마저 사나흘 빗줄기로 후려치더니, 숨통을 조이더니, 폐허로 만들었다 자연의 힘은 참으로 위대하고도 대단했다.

 권력의 위력은 대단했다 사람의 힘이 텐션의 입김보다 더 셀까 눈꼬리 한번으로도 무엇이든 단번에 무너뜨리는 무지무지한 그들만의 힘이 어디에서 나오는 걸까 입김이 셀까 눈꼬리 힘이 셀까 신도시 개발로 거저 수용되는 평생의 삶터, 자연의 힘보다도 권력의 위력은 더 무지(無知)하고도 대단했다.

너를 기다리며

행여 기다리는 사람 있을까
구릉진 언덕 넘고 넘으면
빗속에서라도 기다리는 사람 있을까

나뭇잎은 물들고
골짜기마다 자꾸 꽃물 드는데
웅크리고 기다리는 저 산골짜기에
또 다른 기다림이 있을까

가을이 가기 전에
빗속에 낙엽이 다 지기 전에

네가 나를 기다리듯
나도 너를 기다린다

옛사랑

사람 그리워 찾아갔더니
소리 소문 없이
간밤에 내린 늦가을비가
희미한 가을빛마저 다 쓸어갔습니다
덩달아 억새도 함께 떠나갔습니다

그리움에 몇 밤
열병을 앓고 난 후
벼르고 별러 찾아갔더니 글쎄,
진눈깨비 뒤집어쓴 채
산정호수에 처박혀 버렸습니다

그립다 말하기도 전에 숨어버린
그대 못내 아쉬워
그립다 말도 못하고
그냥 빈손으로 돌아왔습니다

빙어

팽팽한 하늘을 끌어당기는 연줄처럼
손끝에 전달되는 물 밑 세상
작고 미세한 파문이 온몸을 감전시킨다

바닥을 채자 끌려 올라오는 빙어들
속까지 훤히 보여준다
슬프도록 투명한 나신(裸身)
마지막 물방울까지 털어내고
이내 얼어버린다

얼음판 위로 쏟아지는 눈발들
열반에 든 빙어의 몸을 덮는다

해설

그리움 혹은 견딜 수 없는 것을 견디기
―박정구 시집 『오늘은 제가 그리움을 빌려야겠습니다』 읽기

오민석(시인·단국대 교수)

1.

이 시집의 최종 원고를 열면서 나는 먼저 '시인의 말'에 주목했다. 시인의 아버지가 세상을 뜬 후, "몇 번의 여름이 가고" 시인의 어머니도 "단풍나무 숲으로 떠났다." "미련 가질 여유조차 없이" 시인은 "고향까지 팔았다."고 고백한다. 그리고 "이제부터/미치도록 그리워지는 것까지 참고 견디는 일만 남았다."는 그의 전언을 읽으며, 나는 견딜 수 없는 것을 견디며 살아야 하는 피조물의 운명에 대해 다시 궁구한다. 삶은 수많은 배리(背理)의 연속이고, '배리'란, 말도 안 되는 것, 용납하기 어려운 모순을 의미하므로, 그것을 견딘다는 것은 단지 힘든 일일 뿐만 아니라, 어쩌면 깊은 비극을 참는 일이다.

그것은 인간의 삶에 피할 수 없이 사선(射線)으로 내리쳐진 운명의 칼자국을 늘 대면하는 일과 같은 것이다. 그것은 스스로 생을 포기하지 않는 한, 모든 존재가 겪어야 할 길이라는 점에서는 보편적 현실이지만, 그렇다고 해서 그것을 겪는 모든 개체의 삶을 녹록하다고 말할 수는 없다.

존재를 존재'론' 상의 추상적인 존재가 아니라 (세계-내-존재로서의) 현존재(Dasein)로 만들어주는 것은 바로 '시간'이다. 하이데거의 말대로 "시간은 모든 존재 이해와 모든 존재 의미의 지평"이다. 존재를 시간성으로 이해할 때, 우리는 비로소 삶-마음 씀(Sorge)-죽음의 장엄한 파노라마 안에서 존재를 보게 된다. 그러므로 이별 혹은 죽음 같은 것은 오로지 시간의 방정식이 존재에 적용될 때에만 발생한다. '시인의 말'에서 이미 짐작할 수 있지만, 이 시집에서 박정구 시인의 서사를 가동시키는 것은, 주로 할머니, 어머니, 아버지와의 사별, 그리고 그것을 에워싼, 사라져서 그리운 것들에 대한 추억이다. 사별이 견디기 힘든 이유는, 그것이 영원히 돌이킬 수 없는 '사건'이기 때문이다. 박정구 시인은 이 복구 불가능한 사건을 중심으로 사라진 것들의 다양한 스펙트럼을 그려낸다. 그 그림에는 그리움의 정동(情動)이 수묵화처럼 번져 있다. 박정구 시인에게 있어서 사라진 과거가 중요한 것은 그것이 현재의 시인을 끌고 가기 때문이다. 하이데거의 말대로 "현존재 자신의 과거는 현존재의 뒤에 따라다니는 것이 아니라 언제나 현존재에 선행한다." 사라진 과거는 부재하는 것이 아니라, 그리움의 정념으로 존재 앞에서 존재를 이끈다.

> 자작나무 숲에 어머니를 눕히고 돌아서는데 노을이 옷
> 깃을 잡아당긴다
> 고개를 돌리자
> 틈니 사이에 잘 익은 석류 알 같은 미소보다 이슬방울이
> 먼저 툭, 떨어지고 있다
> ―「눈물」 전문

"눈물"은 피조물인 존재가 감당할 수 없거나 견딜 수 없는 순간에 흘리는 슬픈 기표이다. 이 눈물 앞에서 그 누구도 생물학적 노화와 그로 인한 죽음을 '자연스러운' 일이라 말할 수 없다. 과학이 존재를 규정하지 않는다. 사랑-주체(love-subject)는 생물학적 죽음조차도 '부조리(the absurd)'로 읽는다. "노을이 옷깃을" 잡아당겨 "고개를 돌"리는 것은 생물학적 죽음을 인정할 수 없는 사랑-주체의 안타까운 몸짓이다. 화자는 "틈니 사이에 잘 익은 석류 알 같은 미소"를 잊지 못한다. 생물학적 죽음과 그것을 인정할 수 없는 화자의 정념 사이의 모순을 감당해야 하는 자는 오로지 화자밖에 없다. 냉정한 우주는 생물학의 기계를 차가운 손으로 계속 돌릴 뿐이다. 화자가 할 수 있는 일은, 이 "미치도록 그리운 것"을 "참고 견

디는 일"('시인의 말')밖에 없다.

> 혼자 피기 외로워
> 더불어 피었다
>
> 아부지 엄니 나란히 누운
> 무덤가
>
> 도란도란
> 투덜투덜
>
> 망초꽃 피었다
> 이야기꽃 피었다
>
> 엄니는 무덤 속에서도
> 잔소리를 하시는가
>
> ―「망초꽃」 전문

견딜 수 없는 것을 견뎌야 할 때, 즉 현실적으로 불가능한 것을 해야만 할 때, 자아(ego)가 하는 일은 '소망의 상상적 해결'이다. 프로이트의 말대로 자아의 임무는 '자기보존(self-preservation)'이다. 자아는 외부로부터 오는 자극과 내부로부터 오는 자극들을 걸러내어 유기체인 자신의 생명을 지킨다. 견딜 수 없는 것을 견디고 살아남으려면 소망을 상상적으로 해결하거나 금지된 욕망을 숭고한 대상으로 전치(轉置)시켜야 한다. 이런 점에서 문학은 소망을 상상적으로 해결하는 한 형식이자 욕망의 숭고화(sublimation)이다. 위 시는 죽어서도 나란히 누워 "도란도란/투덜투덜" 외롭지 않게 살아가는 "아부지 엄니"의 모습을 "망초꽃"을 빌려서 '상상'한다. "무덤 속에서도/잔소리를 하시는" 어머니의 모습은 생물학적 죽음을 넘어서는 상상적 해결의 선물이다.

2.

사라진 것은 부모의 죽음만이 아니다. 존재-사건은 시간이 존재를 뒤로 밀어내고 존재 앞으로 달려갈 때 축적된다. 축적된 과거는 '현존'의 형태로 존재를 이끌지만, 그것의 내용은 늘 '부재'와 결핍이다. 그러므로 과거는 부재와 현존의 길항(拮抗)에서 동력을 얻는다.

> 키 낮은 담장 골목 끄트머리에
> 이십 년도 더 된 이발관이 있다
> 나는 몇 번의 이사를 했지만 여전히
> 골목길 끝, 이발관을 찾는다

늙은 이발사 부부가 사는 집
낡은 표지판이 빙글빙글
세월을 돌리고 있다

밀레의 이삭줍기가 걸려 있던
고향 이발관도 그랬다
바리깡에 생머리가 뽑혀 나오던 시절
가난했어도 행복했던
재남이 아저씨가 떠나고
영영 문을 닫은 고향 이발관

의자 손잡이에 나무 받침대를 올려놓고
어린 내가 앉았던 것처럼
어린 아들을 앉히고 머리를 깎이던 이발관
사각사각 가위질 울음에
꾸벅이던 어린 아들도 장성하고
오늘은 늙은 이발사 부부가 봄볕을 쏘이며
소파 모서리에 앉아 졸고 있는데
바리깡도 손을 놓고 가만히 눈감고 있다
―「골목길 이발관」 전문

이사를 하고 난 이후에도 "이십 년도 더 된" "골목길 끝, 이발관"을 계속 찾는 것은, 그곳이 '좋았던 옛날'의 유비(類比)를 가동시키기 때문이다. 이렇게 과거는 존재의 뒤를 서성이는 것이 아니라, 존재의 앞에서 존재를 이끈다. 골목길 이발관에서 화자는 "고향 이발관"으로 돌아간다. 그곳에는 "가난했어도 행복했던/재남이 아저씨"가 있고, "나무 받침대"에 앉아 머리를 깎던 유년의 화자와 화자의 "어린 아들"이 있다. 박정구 시인에게 있어서 과거가 현재의 동력이 되는 이유는, 그것이 있으면서 동시에 없는 것이기 때문이다. 그것은 늘 존재 앞에서 존재를 이끌지만, 부재하는 실체이다. 과거의 이 모순적인 시간성이 존재를 서성이게 한다. 존재가 뒤를 돌아다보는 순간, 과거는 존재 앞으로 온다. 과거는 이렇게 부재와 현존의 동시성을 실현하며 존재를 이끈다.

1.
죄가 된 줄 몰랐어. 어젯밤엔 네 집 참외 서리, 오늘밤은 우리 집 수박 서리 그리고 내일 밤엔 옆집 닭 서리까지 밤마다 모이면 서리, 서리만 궁리했으니 그것이 도둑질인 줄 정말로 정말로 꿈에도 몰랐어.

2.
밤중에 서리 맞은 우리 집이나 옆집이나 으레 그놈들 짓이러니 하고 은근슬쩍 잘도 넘겨주었지. 그것이 진정한 배고픔은 아니란 것과 훗날 얘깃거리가 된다는 것을 아는 어른들은 그렇게 잘도 속아주었지. 우리들은 헤아릴 수 없이 많은 서리를 했지만 농사까지 망치지는 않았어. 망칠 생각도 없었어.

3.
이십 년이 지나 고향에 가보니 우리가 주름 잡던 서리 밭엔 어린 꼬마들은 보이지 않고 철조망만 무섭게 내려다보고 있었지. 유년을 벗은 나무들만 아름드리 목재가 되어 고향 땅을 지키고 있었지. 정작 포근히 안아줄 고향은 누가 서리해 갔는지 묵정밭만 빈둥빈둥 놀고 있었지. 드는 사람은 없고 나는 사람만 자꾸 불어나고 있었지.
　　　　　　―「누군가 고향을 서리해 갔다」 전문

"서리"의 추상성을 지우고 그것에 구체성을 부여하는 것은 '시간'이다. 유년(과거)의 시간에서 서리는 '이쁜 장난'이지만, 현재의 시간에서 서리는 "철조망"처럼 차갑다. 그것은 "묵정밭"처럼, 아름다운 내러티브가 사라진 사막이다. "드는 사람은 없고 나는 사람만 자꾸 불어나"니 서사가 일어날 일이 없다. 그것은 지워진 현재이며, 과거를 앞세우지 못하는 현재이다. 현재의 이 무한 결핍이 화자로 하여금 '풍요'의 과거를 돌아다보게 한다.

국수봉 오르는 등산로에 봉분 하나 있다

그 위에 버릇없이 주저앉는 사람 있다

배 깔고 누운 아비의 등에 올라탄 아들마냥

나도 슬쩍 봉분 위에 앉아본다

깔고 앉은 만큼 더 낮아질 것도 없는 봉분

업어 키운 자식들처럼 밀쳐내지 못하고

등을 내밀고 때로는 배를 내민다

할머니 등이 그랬고 어머니 등이 그랬듯

따뜻한 봉분 위에 앉으니

어떤 투정도 다 받아줄 것 같다

지금은 다 떠나버린

그 머나먼 등이 그립다

―「따뜻한 등」 전문

  이 작품에서 "따뜻한 등"은 놀랍게도 무덤이다. 과거의 죽음이 현재의 "따뜻한 등"이 되는 이 놀라운 반전. 이것이야말로 박정구 시인의 과거 회상이 노리는 시적 전략이다. "어떤 투정도 다 받아줄 것 같"은, "어머니 등" 같고 "할머니 등" 같은 과거는 수시로 소환되어 현재의 지도가 된다. 부재하는 실체를 현존의 지도로 환치하는 것, 이 '시간의 은유'야말로 박정구 시인이 현존재에 의미를 부여하는 방식이다. 그러므로 그에게 있어서 과거는 추억이 아니라 언제나 현재의 사건이며 현재를 재구성하여 미래로 이끄는 의미소이다.

> 만년필을 만지면서 한 여인을 생각했다
> 심장 가장 가까운 곳에 꽂았을 때
> 혜성이 쏟아지고 맥박 소리가 들렸다
> 소리를 따라 찾아가면 아킬레스 힘줄까지 이어지는
> 오래된 사람이 걸어간 길 위를
> 달팽이가 기어간다
> 일자로 늘어선 소나무 숲길을 아득하게 지나가는 사람들
> 여인네의 분 냄새가 짙었다
> 향기는 맡는 것이 아니라 느끼는 것
> 만년필을 꺼내어 소나무처럼 획을 그었다
> 곧은 소나무가 먹물로 번지고 세상은 다시 흐려졌다
> 송홧가루 자욱한 숲길
> 길 너머 사람들이 다가오고 나는 그들을 피했다
> 오래된 사람이 걸어간 길에
> 오래된 길을 걷는 그들은 누구인가
> 가물거리는 불빛을 뒤로하고
> 달팽이의 기억을 릴케의 편지로 기록하는 나는 누구인가
> 세상이 먹물로 흐려지고
> 다시 먹물 뒤에서 파랗게 일어서는 그녀

나는 만년필 뚜껑을 열고 깊숙이 먹물을 빨아 마셨다
―「만년필」 전문

"만년필"은 "오래된 사람"과 "오래된 길"을 소환하는 과거의 기표이다. 그러나 그것은 추억의 앨범 안에 박제되어 있는 사물이 아니다. 그것은 오래된 사람("그녀")을 현재화하며("파랗게 일어서는"), 현재의 사람("나")의 현재의 행동("만년필 뚜껑을 열고 깊숙이 먹물을 빨아 마셨다")을 유발한다. 박정구 시인에게 있어서 과거는 사라진 시간이 아니라 현재를 이끄는 동력이다. 박정구는 이렇게 현존재의 시간성 속으로 들어가 존재의 통로를 후빈다. 이럴 때 시간은 직선적(linear) 속성을 상실하고, 파도를 미는 파도처럼 환유적으로 겹친다. 앞의 파도가 뒤의 파도를 당기고, 뒤의 파도가 어느새 앞의 파도 앞으로 건너가 다시 철썩일 때, 현존재의 파노라마가 윤슬처럼 빛난다.

3.

박정구 시인이 시간의 역학에서 벗어날 때 끌어들이는 것은 주로 식물들의 세계와 내러티브가 있는 공간(지역)이다. 먼저 식물 이야기를 하자면, 그의 시에는 민들레꽃, 벼꽃, 여뀌바늘, 말나리꽃, 망초꽃, 참당귀꽃, 옥잠화, 칡넝쿨, 아련한 꽃, 짚신나물, 쥐똥나무, 하눌타리, 풍선덩굴 같은 식물들이 등장하는데, 이 모든 식물들은 거의 대부분 시의 제목이 됨으로써 그의 시세계 안에서 높은 위상을 차지한다. 물론 매미, 양, 귀뚜라미, 빙어 같은 동물의 이름이 제목인 시들도 가끔 등장하지만, 그것은 그 자체 식물성 같은 집중성을 보여주지 않고 다른 내러티브들의 매개물로 사용된다. 그의 이 식물 친화성은 그가 무의식적일지라도 부동(不動)의 범주, 비(非)유동적인 가치에 대한 지향성을 가지고 있음을 보여준다. 그가 현재로 소환해 길잡이로 삼는 과거가 부동의 나침판이 되는 것처럼, 식물성에 대한 그의 지향은 변하지 않는 가치와 범주에 대한 의식/무의식적 믿음에서 비롯된 것으로 보아도 된다. 그가 식물을 끌어들일 때마다, 우리는 그가 절대 버릴 수 없는, 깊은 뿌리로 대지에 버티고 있는 가치의 체계를 만날 수 있다.

  계단 가장자리에 핀
  민들레꽃

  절묘한 위치다
  계단 오를 때 눈길 머무는 곳
  고개 숙인 자에게만 보이는
  바로 그 지점에서

민들레꽃은 핀다

뭇 발길질에 채이고
밟히고 밟히면서 스스로 익힌
민들레의 생존방식

계단 내려오는 사람보다
더 깊숙한 자세로
고개 숙이고 꽃을 피운다
―「민들레꽃」 전문

 "민들레꽃"에서 그는 "밟히고 밟히면서"도 "고개 숙이고 꽃을" 피우는, 그리하여 "고개 숙인 자에게만 보이는" 삶의 가치를 찾아낸다. 그것은 다른 가치에 의해 흔들리지 않는 가치이고, 부동의 가치이므로 그 어떤 가치보다도 "깊숙한" 가치이다. 그가 존재의 시간성에서 보여주는 현존의 과거도 사실은 이런 내용으로 가득 차 있다.

밥꽃이 피었다

누군가의 목숨이 피었다
―「벼꽃」 전문

촌철살인의 기량을 보여주는 이 작품도 "벼꽃"을 "목숨"꽃으로, 그리하며 "밥꽃"으로 은유한다. 무수한 죽음을 축적하는 시간의 궤도 안에서 "밥"을 주어 "목숨"을 살리는 행위는 얼마나 소중한가. 그것은 배리에 저항하는 생명의 힘이며, 열차의 시간성에 가치의 무게중심을 부여하는 에너지이다. 그가 보여주는 식물성의 깊은 뿌리는 위태로운 시간성에 가치의 안정된 닻을 내려준다.

식물성 외에도 그가 주목하는 것은 시간성이 가동되는 특수한 공간(지역)들이다. 겨울 바다, 지장산 계곡, 을왕리, 다순구미 마을 등은, 시간성 안에서 과거와 현재가 충돌할 때 발생하는 파도가 격렬하게 울려 퍼지는 공간이다.

> 을왕리에 가 보았다고 말하지 말라
> 밤을 지새워 보지 않고서
> 절대로 을왕리에 왔다고 말하지 말라
> 살다가, 살아가면서 춥고 배고프면
> 묻지 말고 을왕리에 와 보라
> 와서 이틀쯤 밤을 새워 보라
> 바다 모퉁이 허름한 주막
> 바다 이야기가 있는 곳에서
> 갯바람 쏟아진 술상을 마주 놓고

파도와 모래바람의 설운 과거를 들어보라

불빛 환한 해변에서

불나방들이 미치게 날갯짓하며 자멸하는

을왕리에 와서

태울 것 다 태워보고 말하라

―「을왕리」 전문

시인이 을왕리를 끌어들이는 구체적인 사연은 생략되어 있지만, 삶의 치열한 파고를 건드리는 이 시에서도 화자는 "파도와 모래바람의 설운 과거를 들어보라"고 주문한다. 이런 점에서 을왕리는 과거의 어떤 사건과 연관이 있는 공간이고, 화자는 살아가면서 힘들 때마다 이곳을 찾아와 밤을 새우며 그 과거를 반추하라고 한다. 그가 시간성을 슬쩍 제쳐놓고 공간을 전경화(全景化)할 때에도, 시간성은 공간성 위에 이렇게 "미치게 날갯짓하며" 쏟아진다. 과거를 고통의 현재로 끌어와 겹쳐놓고, 그 불타는 시간의 충돌을 다 소진한 후에야 비로소 "말"이 나온다("태울 것 다 태워보고 말하라"). 박정구의 시는 이렇게 부재와 현존의 과거가 현재와 부딪히는 경계에서 피어난다.

목포 온금동에 가면

하늘 계단들이 바다를 향해 있다

> 뱃사람들 하나 둘 떠나는 마을
> 씀바귀 같은 사람들의 고향
> 기다림은 길어도
> 봄이 오고 또 꽃은 피지만
> 온금지구 재정비촉진사업 흉흉한 바람만 분다
> 귀먼
> 다순구미 마을이 무너지고 있다
> 흐린 불빛마저 꺼져가고 있다
> ―「다순구미 마을」 부분

 이 작품에서도 그는 "흉흉한" 현재를 "고향"이라는 상징적 과거와 대면시킨다. "하늘 계단들"처럼 숭고한 아름다움이 송두리째 무너지고 꺼져가는 현재 앞에서 그는 속수무책이다. 그의 현존은 이 도리 없이 꼼짝 못하는 상태(견딜 수 없는 것)를 참고 견디는 것이다. 그러나 그에게 있어서 황금의 과거는 시간의 벽장에 갇혀 있지 않다. 그것은 마치 의식의 표면으로 부상하기를 호시탐탐 노리는 리비도(무의식)처럼 왕성한 운동성을 보여준다. 그것은 "흐린" 현재를 악착같이 밝히는 지도이다. 썰물처럼 현재가 공허해질 때, 밀물처럼 과거가 몰려온다. 척력(斥力)이 있는 곳에 인력(引力)이 있다. 박정구의 시들은 이렇게 과거/현재의 치열한 길항 속에서 피어난다.

시인동네 시인선 151

오늘은 제가 그리움을 빌려야겠습니다
ⓒ 박정구

초판 1쇄 인쇄	2021년 5월 1일
초판 1쇄 발행	2021년 5월 8일
지은이	박정구
펴낸이	김석봉
디자인	헤이존
펴낸곳	문학의전당
출판등록	제448-251002012000043호
주소	충북 단양군 적성면 도곡파랑로 178
전화	043-421-1977
전자우편	sbpoem@naver.com

ISBN 979-11-5896-513-6 03810

*이 책의 판권은 지은이와 문학의전당에 있습니다.
*양측의 서면 동의 없는 무단 전재 및 복제를 금합니다.
*잘못 만들어진 책은 바꿔드립니다.